Imagen: freepik.com, lenamay.

Aprendiendo Español 3
nivel 1: básico

Actividades de vocabulario para niños

ARTHWR BASS

Digital Creative Publishing

Autor y Editor
Arthwr Bass

Colaboradora
Sandra Lozada

Diseño y maquetación
Digital Creative Publishing

Editorial
Digital Creative Publishing

Imágenes y fotografías
Digital Creative Publishing
Imágenes libres de derechos, FFCU images
Created by Freepik, www.freepik.com
    Artistas: freepik, macrovector, jemastock, brgfx, pressfoto
(Créditos al respectivo autor en cada imagen)

© Arthwr Bass, 2019
digitalcreativepublishing@gmail.com
Libro dirigido a estudiantes de Español.
Reservados todos los derechos. No se permite la reproducción total o parcial de esta obra, ni su incorporación a un sistema informático, ni su transmisión en cualquier forma o por cualquier medio (electrónico, mecánico, fotocopia, grabación u otros) sin autorización previa y por escrito de los titulares del copyright. La infracción de dichos derechos puede constituir un delito contra la propiedad intelectual.

Imagen: freepik.com, brgfx.

Tabla de contenidos

LOS SENTIDOS 4
PREPOSICIONES DE LUGAR 10
EN LA CIUDAD 16
MEDIOS DE TRANSPORTE 24
GEOGRAFÍA DE LA TIERRA 30
EL CALENDARIO 36
MÚSICA 42
EL SISTEMA SOLAR 48
FUENTES 53

Los sentidos

Lee.

Imagen: freepik.com, freepik.

Los sentidos son los medios por los cuales una persona percibe el mundo. Los órganos de los sentidos son partes del cuerpo que captan estímulos del mundo externo y los convierten en sensaciones, son los encargados de ver, escuchar, olfatear, saborear y sentir.

Mira las imágenes y lee.

LOS SABORES

Los sabores son detectados por la lengua al probar algún alimento o bebida.

Imagen: freepik.com, microone.

Completa las letras que faltan de las palabras.

Lee y marca en el cuadro (✓) si es correcto o (✗) si no. Si es incorrecto, escríbelo abajo de la manera correcta.

A M A _ G _

Á C _ D O

T _ C T _

O L F _ T O

V I _ T _

O Í _ O

G _ S T _

U M _ M I

S A _ A D _

D U _ C _

Vistami
_____Vista_____ ✗

Oídost
_____ ☐

Tanto
_____ ☐

Salado
_____ ☐

Amargo
_____ ☐

Encierra la palabra correcta que define la imagen.

Olfato   Oído   Tacto   Oído   Gusto

(Vista)   Gusto   Vista   Tacto   Olfato

Imagen: freepik.com, microone.

Empareja las imágenes de los sentidos con el objeto.

 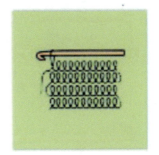

Imagen: freepik.com, microone.

Encuentra los sentidos y sabores en la sopa de letras.

D	F	E	R	T	Y	S	A	L	A	D	O	A	Q	W
Z	X	C	V	B	N	M	A	S	D	F	G	H	Q	G
R	T	Y	U	I	O	P	Ñ	L	K	G	J	F	W	E
A	S	D	F	G	O	E	R	T	A	U	A	S	D	F
Q	W	E	R	V	I	S	T	A	V	S	S	D	F	E
A	A	D	F	G	D	R	T	E	W	T	A	C	T	O
Z	C	X	C	V	O	L	F	A	T	O	D	F	G	R
S	I	D	F	G	E	R	T	Y	F	D	S	A	A	G
H	D	R	T	Y	U	C	V	B	N	S	D	F	M	W
E	O	R	T	U	M	A	M	I	F	G	H	E	A	A
T	Y	U	I	O	E	R	T	Y	D	F	G	H	R	A
Q	T	Y	W	E	R	T	A	S	D	F	Z	D	G	G
A	D	U	L	C	E	F	G	E	R	S	D	F	O	Z
F	G	H	E	R	T	D	I	F	Z	C	B	N	S	D

Empareja las comidas con el respectivo sabor.

 Umami

Ácido

Salado

Amargo

 Dulce

Dibuja tus alimentos favoritos según el sabor.

| Umami | Amargo | Salado |

| Ácido | Dulce |

Prepositiones de lugar

Mira la posición del pollito y lee.

- Delante de
- Enfrente de

Encima de

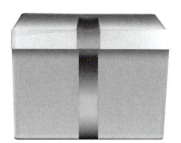

Sobre

A la derecha de

A la izquierda de

Detrás de

Debajo de

- Dentro de
- Al interior de
- En

Cerca de

- Entre
- En medio de

- Al lado de
- Junto a

Lejos de

Escribe la preposición de lugar según la imagen.

El gato está _____ las plantas

El gato está _____ la planta

El gato está _____ la planta

El gato está _____ la planta

El gato está _____ la planta

El gato está _____ la planta

El gato está _____ la planta

El gato está _____ la planta

Imagen: freepik.com, lanasham.

Encuentra las palabras en la sopa de letras.

Delante
Enfrente
Encima
Sobre
Derecha
Izquierda
Detrás
Debajo
Dentro
Interior
En
Cerca
Entre
Medio
Lado
Junto
Lejos

A	S	D	E	L	A	N	T	E	F	E	R	D	E
E	N	C	I	M	A	T	R	E	E	N	G	E	F
N	A	D	Z	V	B	G	F	I	A	T	Q	R	H
F	Z	K	Q	J	L	D	E	N	T	R	O	E	T
R	Y	I	U	U	O	E	P	T	L	E	M	C	N
E	Q	W	I	N	T	B	F	E	R	H	Y	H	T
N	M	D	E	T	R	A	S	R	U	Y	I	A	L
T	H	J	R	O	L	J	M	I	N	Q	T	R	A
E	Z	X	D	T	R	O	E	O	J	U	Y	M	D
M	N	V	A	B	Z	W	Q	R	M	E	D	I	O
S	O	B	R	E	Ñ	J	L	E	J	O	S	H	Y
Y	U	I	O	P	C	E	R	C	A	L	Ñ	N	M

Lee y marca en el cuadro (✓) si es correcto, o (✗) si no. Si es incorrecto, escríbelo abajo de la manera correcta.

En Delante del ✗
Delante de

Sobre ☐
_____

Crca den ☐
_____

Junto a ☐
_____

Debajol de ☐
_____

A izquierdn de ☐
_____

Lejos des ☐
_____

Encima de ☐
_____

En mediog de ☐
_____

Observa al gato en cada imagen. Completa las letras que faltan en la preposición de lugar indicada.

S O B _ E

D E N _ R O   D E

C _ R C A   D E

D E B A _ O   D E

Dibuja según la preposición de lugar indicada.

Entre	Al lado de	Detrás de

Observa la imagen. Sigue y marca el camino hasta la preposición de lugar correcta según la imagen.

DENTRO DE

DETRÁS DE

ENCIMA DE

AL INTERIOR DE

EN

Imagen: freepik.com, lanasham.

En la ciudad

Mira las imágenes y lee.

Escuela

Biblioteca

Librería

Teatro

Estación de policía

Hospital

Ayuntamiento

Oficina de correos

Hotel

Cafetería

Aeropuerto

Imagen: freepik.com.

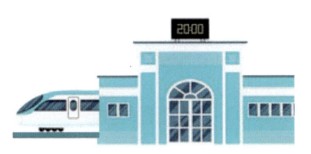
Estación de tren/metro

Restaurante

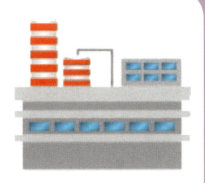
Fábrica

Casa

Apartamentos

Centro comercial

Supermercado

Parque

Banco

Estación de bomberos

Farmacia

Cárcel

Imagen: freepik.com.

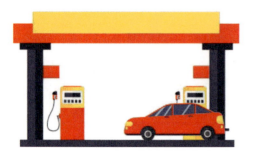  

| Gasolinera | Barbería | Heladería |

| Panadería | Parque de diversiones | Cine |

| Bar | Iglesia | Universidad |

| Estación de radio | Museo | Zoológico |

Imagen: freepik.com.

 Gimnasio
 Galería de arte
 Circo

 Cementerio
 Piscina pública
 Veterinaria

 Boutique
 Salón de belleza
 Florería

 Frutería
 Carnicería
 Tienda

Imagen: freepik.com.

Encuentra las palabras en la sopa de letras.

P	S	M	E	S	C	U	E	L	A	Q	C	A	S	A	E	S	B
A	T	U	D	F	G	H	C	I	A	R	Z	Y	C	T	S	U	I
R	E	S	H	A	H	J	E	B	P	E	O	U	E	V	T	P	B
Q	A	E	O	B	R	T	N	R	A	S	O	N	M	M	A	E	L
U	T	O	S	R	S	V	T	E	R	T	L	T	E	N	C	R	I
E	R	A	P	I	H	B	R	R	T	A	O	A	N	P	I	M	O
P	O	L	I	C	I	A	O	I	A	U	G	M	T	P	O	E	T
A	B	X	T	A	T	N	C	A	M	R	I	I	E	A	N	R	E
O	O	Z	A	R	H	C	O	E	E	A	C	E	R	N	I	C	C
H	M	C	L	N	M	O	M	Y	N	N	O	N	I	A	O	A	A
F	B	A	C	V	B	N	E	N	T	T	M	T	O	D	P	D	R
A	E	R	O	P	U	E	R	T	O	E	H	O	T	E	L	O	T
R	R	C	A	S	D	F	C	G	S	H	J	K	L	R	Q	W	Y
M	O	E	Z	X	C	V	I	G	L	E	S	I	A	I	B	N	U
A	S	L	Q	W	E	C	A	F	E	T	E	R	I	A	F	G	I
C	A	F	B	A	R	R	L	T	B	O	U	T	I	Q	U	E	O
I	C	O	R	R	E	O	S	G	I	M	N	A	S	I	O	T	P
A	U	N	I	V	E	R	S	I	D	A	D	Y	U	I	O	P	Q

Escuela	Hotel	Centro comercial	Iglesia
Biblioteca	Cafetería	Supermercado	Universidad
Librería	Aeropuerto	Parque	Museo
Teatro	Estación	Banco	Zoológico
Policía	Restaurante	Bomberos	Gimnasio
Hospital	Fábrica	Farmacia	Cementerio
Ayuntamiento	Casa	Cárcel	Bar
Correos	Apartamentos	Panadería	Boutique

Escribe los nombres de cada lugar según la imagen.

_____   _____   _____

_____   _____   _____

_____   _____   _____

Imagen: freepik.com.

Completa las letras que faltan de las palabras.

Lee y marca en el cuadro (✓) si es correcto o (✗) si no. Si es incorrecto, escríbelo abajo de la manera correcta.

RES_AUR-NTE

FÁBR_CA

CA_A

A_ARTA_ENTOS

CE_TRO COM_RCIAL

SUPE_MERCA_O

PAR_UE

BA_CO

BOM_ERO_

FAR_ACI_

CÁR_EL

PA_ADE_ÍA

IGLE_IA

UNI_ERSIDA_

MUS_O

ZOO_ÓGICO

G_MNA_IO

POL_CÍA

Fruteríans
Frutería ✗

Carnicería
_____

Tiendalt
_____

Gimnasio
_____

Circonm
_____

Galería de arte
_____

Cinet
_____

Escribe los lugares señalados.

Imagen: freepik.com.

Medios de transporte

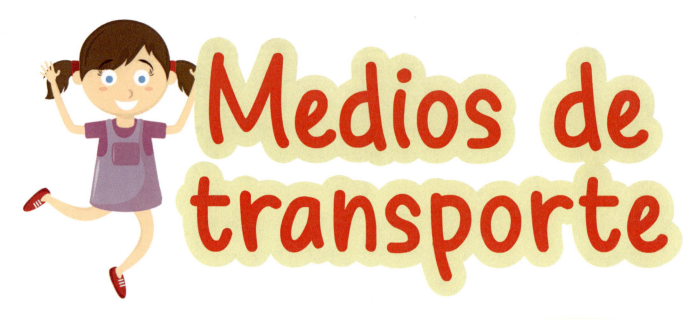

Mira las imágenes y lee.

Automóvil

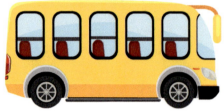
Bus escolar

Montacargas

Camión de bomberos

Avión

Deportivo

Van

Camioneta

Imagen: freepik.com.

Tranvía

Metro

Globo

Yate

Lancha

Submarino

Monopatín

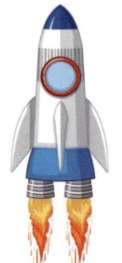
Cohete

Patinete

Limusina

Camión

Imagen: freepik.com.

Empareja las imágenes con la respectiva palabra.

Camión

Velero

Helicóptero

Autobús

Tren

Taxi

Motocicleta

Barco

Van

Imagen: freepik.com. Studiogstock.

Escribe los medios de transporte según la imagen.

_____ _____ _____

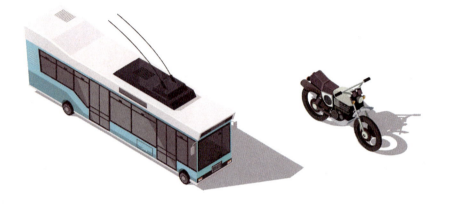

_____ _____ _____

Completa las letras que faltan de las palabras.

G _ O B O
S U _ M A R I _ O
A V _ Ó N
L _ N C _ A
D E _ O R _ I V O
M _ N O P _ T Í N
P A T _ N E T E
C A M I _ N E T _
C O _ E T E

B I C I _ L E T A
T A _ I
L I _ U S I N _
A U T _ B Ú S
C _ M I Ó N
V E L _ R O
H E L _ C Ó P T _ R O
A V I O _ E T A
B _ R C O

T R A _ V Í A
A U _ O M Ó _ I L
M E T _ O
B U S   E S _ O L A R
Y A _ E
M O N _ A C A _ G A S

Escribe los medios de transporte señalados.

Imagen: freepik.com. Macrovector.

Geografía de la Tierra

Lee.

LAS 4 ESTACIONES

Primavera: *Las flores florecen y sube la temperatura.*

Verano: *La temperatura sube a su punto máximo.*

Otoño: *Baja la temperatura y caen las hojas de los árboles.*

Invierno: *La temperatura baja a su punto mínimo y cae nieve en algunas partes.*

Las estaciones son cambios climáticos que marcan una división en el año en un determinado lugar del planeta, siendo notorias las diferencias ecológicas, la temperatura ambiental y la cantidad de luz solar.

Imagen: freepik.com, macrovector.

ACCIDENTES GEOGRÁFICOS Y NATURALEZA

Montaña

Río

Isla

Arcoíris

Sabana

Volcán

Nevado

Playa

Cascada

Océano

Lago

Selva

Desierto

Tormenta

Nube

Imagen: freepik.com.

31

Empareja las imágenes con la respectiva palabra.

Otoño　　　Primavera　　　Invierno　　　Verano

Lee y marca en el cuadro (✓) si es correcto, o (✗) si no. Si es incorrecto, escríbelo abajo de la manera correcta.

Monatañal　　　✗　　　Océano
Montaña　　　　　　　_____

Isla　　　☐　　　Lasgo
_____　　　　　　_____

Ríom　　　☐　　　Nuve
_____　　　　　　_____

Sabala　　　☐　　　Selva
_____　　　　　　_____

Imagen: freepik.com.

Escribe los nombres de cada estación según la imagen.

_____

_____

_____

_____

 **Completa las letras que faltan.**

VO_CÁN
NEV_DO
OT_ÑO
PLA_A

_ASC_DA
O_ÉANO
LA_O
NU_E
VER_NO
S_LVA
DES_ERT_

TOR_ENTA
PRIM_VERA
ARCO_RIS
MO_TAÑ_
RÍ_
IS_A
IN_IERN_

Imagen: freepik.com.

Escribe los elementos que ves en cada imagen, describiendo las características de cada estación.

Escribe los accidentes geográficos o elementos de la naturaleza según la imagen.

_____   _____   _____

_____   _____   _____

_____   _____   _____

Imagen: freepik.com, brgfx.

El calendario

 Lee.

DÍAS DE LA SEMANA

1 Lunes

2 Martes

3 Miércoles

4 Jueves

5 Viernes

6 Sábado

7 Domingo

Una semana es un ciclo de tiempo que consiste en 7 días. Las semanas forman los meses, y los meses los años. La semana escolar comienza el lunes y termina el viernes, el fin de semana incluye el sábado y el domingo, aunque hay países que consideran al domingo el primer día de la semana y al sábado el último, de acuerdo con la semana litúrgica.

Imagen: freepik.com, macrovector.

MESES DEL AÑO

Enero **Febrero** **Marzo**

Abril **Mayo** **Junio**

Julio **Agosto** **Septiembre**

Octubre **Noviembre** **Diciembre**

Completa las frases escribiendo el día de la semana que falta.

- Lunes, martes, _____, jueves, viernes, sábado, domingo.
- Lunes, martes, miércoles, jueves, _____, sábado, domingo.
- _____, martes, miércoles, jueves, viernes, sábado, domingo.
- Lunes, _____, miércoles, jueves, viernes, sábado, domingo.
- Lunes, martes, miércoles, _____, viernes, sábado, domingo.
- Lunes, martes, miércoles, jueves, viernes, sábado, _____.
- Lúnes, martes, miércoles, jueves, viernes, _____, domingo.

Lee y marca en el cuadro (✓) si es correcto, o (✗) si no. Si es incorrecto, escríbelo abajo de la manera correcta.

Febrebro ✗
Febrero

Octubre
_____

Enerol
_____

Septriembre
_____

Maryo
_____

Abrim
_____

Diciembre
_____

Julio
_____

Encuentra las palabras en la sopa de letras.

Lunes
Martes
Miércoles
Jueves
Viernes
Sábado
Domingo
Enero
Febrero
Marzo
Abril
Mayo
Junio
Julio
Agosto
Septiembre
Octubre
Noviembre
Diciembre

A	S	J	D	F	G	H	J	K	L	Ñ	I	O	P
Q	L	U	N	E	S	E	R	E	N	E	R	O	T
V	I	E	R	N	E	S	R	T	Y	U	I	O	D
D	F	V	X	C	V	B	N	M	Q	W	E	R	I
M	I	E	R	C	O	L	E	S	F	G	H	N	C
A	D	S	A	B	A	D	O	E	R	S	T	O	I
R	O	G	H	J	U	N	I	O	J	E	U	V	E
T	M	Z	S	U	R	T	Y	U	I	P	K	I	M
E	I	Q	W	L	F	A	G	O	S	T	O	E	B
S	N	D	F	I	H	J	K	L	R	I	T	M	R
A	G	G	M	O	F	G	H	J	K	E	R	B	E
F	O	G	A	B	R	I	L	Q	W	M	T	R	D
F	E	B	R	E	R	O	G	B	N	B	G	E	F
R	T	Y	Z	Q	W	E	R	T	Y	R	A	S	D
M	A	Y	O	F	G	H	J	K	L	E	E	R	T
R	T	Y	U	O	C	T	U	B	R	E	G	H	J
Q	W	E	R	F	G	H	T	Y	U	H	J	K	U

Completa las letras que faltan.

D I C I _ M B R _
O C T U B _ E
L _ N E S
J U L _ O

S Á B _ D O
D O M I _ G O
J _ N I O
E N _ R O
J U E _ E S
F E _ R E R _
M A R T _ S

A B R _ L
M A R _ O
M I É R C O _ E S
V I E _ N E S
M A Y _
A G O _ T O
S E P T I E _ B R E

Según la cultura de tu país, empareja las imágenes con el respectivo mes del año.

Enero

Febrero

Marzo

Abril

Mayo

Junio

Julio

Agosto

Septiembre

Octubre

Noviembre

Diciembre

Imagen: freepik.com. freepik, shusha.

Música

Mira las imágenes y lee.

INSTRUMENTOS MUSICALES

Guitarra acústica

Violín

Tuba

Pandereta

Guitarra eléctrica

Saxofón

Triángulo

Tocadiscos

Batería

Piano

Imagen: freepik.com. macrovector.

Escribe los instrumentos musicales señalados.

Imagen: freepik.com. brgfx.

Encuentra las palabras en la sopa de letras.

Guitarra
Violín
Piano
Tuba
Acordeón
Pandereta
Arpa
Saxofón
Trompeta
Trombón
Triángulo
Tocadiscos
Batería
Flauta
Armónica
Timbales
Gaita
Tambor
Maracas

J	G	U	I	T	A	R	R	A	T	T	I	V	P
Q	W	E	R	T	F	S	T	Y	R	U	T	I	U
P	I	A	N	O	L	A	T	P	O	B	I	O	B
A	S	C	F	G	A	X	A	A	M	A	M	L	A
A	Z	O	D	F	U	O	M	E	B	Q	B	I	T
U	I	R	O	P	T	F	B	H	O	G	A	N	E
F	G	D	E	R	A	O	O	E	N	C	L	D	R
G	I	E	Q	W	E	N	R	Z	X	C	E	Ñ	I
T	Y	O	R	T	M	A	R	A	C	A	S	P	A
P	A	N	D	E	R	E	T	A	S	D	F	G	H
R	R	T	O	I	C	A	D	I	S	C	Y	I	O
S	P	F	T	R	I	A	N	G	U	L	O	F	G
Z	A	A	E	R	T	Y	U	I	O	P	Ñ	L	K
T	R	O	M	P	E	T	A	Q	G	A	I	T	A
A	S	D	F	G	H	J	K	L	O	I	U	Y	T
T	O	C	A	D	I	S	C	O	S	A	S	D	F
Z	S	A	R	M	O	N	I	C	A	A	S	D	F

Completa las letras que faltan.

DANZA ÁR_BE
MI_RÓFO_O
VIOLO_CHELO
FLAMEN_O

REG_ETÓN
XILÓF_NO
DIS_O
SAL_A
TA_GO
BAL_ET
BAJ_

SW_NG
ARP_
VA_S
CLA_INETE
TUB_
B_EAK DANCE
BAT_RÍA

Escribe los nombres de cada baile según la imagen.

_____ _____ _____

_____ _____ _____

Empareja las siluetas con la respectiva palabra.

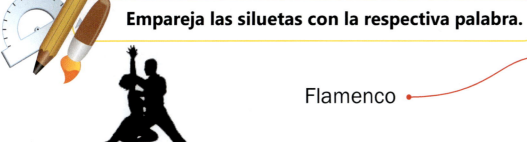

Flamenco

Salsa

Tango

Ballet

Vals

Break dance

47

El sistema solar

 **Mira las imágenes y lee.**

EL SOL Y LOS PLANETAS DEL SISTEMA SOLAR

Sol

 Mercurio

 Venus

 Tierra

 Marte

 Luna

 Júpiter

 Saturno

Urano

Neptuno

Plutón

Imagen: freepik.com.

Completa las letras que faltan de las palabras.

S O _

M E _ C U R I _

V E _ U S

T I E R _ A

L _ N A

M A _ T E

J Ú P I _ E R

S _ T U R _ O

U R _ N O

N E P _ U N O

P L _ T Ó N

Imagen: freepik.com.

Encuentra las palabras en la sopa de letras.

Sol
Mercurio
Venus
Tierra
Luna
Marte
Júpiter
Saturno
Urano
Neptuno
Plutón

W	M	R	T	S	O	L	Z	X	C	V	B	N	M
V	E	N	U	S	A	U	F	G	H	J	K	L	N
G	R	P	O	I	U	N	Y	T	R	E	S	W	E
Q	C	W	E	R	M	A	R	T	E	V	A	S	P
M	U	N	B	V	C	X	Z	A	S	D	T	D	T
F	R	G	H	J	K	L	Ñ	P	O	I	U	U	U
T	I	E	R	R	A	U	Y	T	R	E	R	W	N
Q	O	W	E	P	L	U	T	O	N	R	N	T	O
T	Y	U	I	O	P	Ñ	L	K	J	H	O	G	F
F	D	J	U	P	I	T	E	R	D	S	A	Z	X
X	C	V	B	N	M	Q	W	E	R	T	Y	U	I
I	O	P	U	R	A	N	O	D	F	G	H	J	K

Pinta los planetas del Sistema Solar.

Mercurio

Tierra

Marte

Saturno

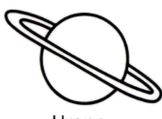
Urano

Venus

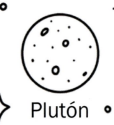
Plutón

Escribe los nombres de los planetas en los espacios en blanco.

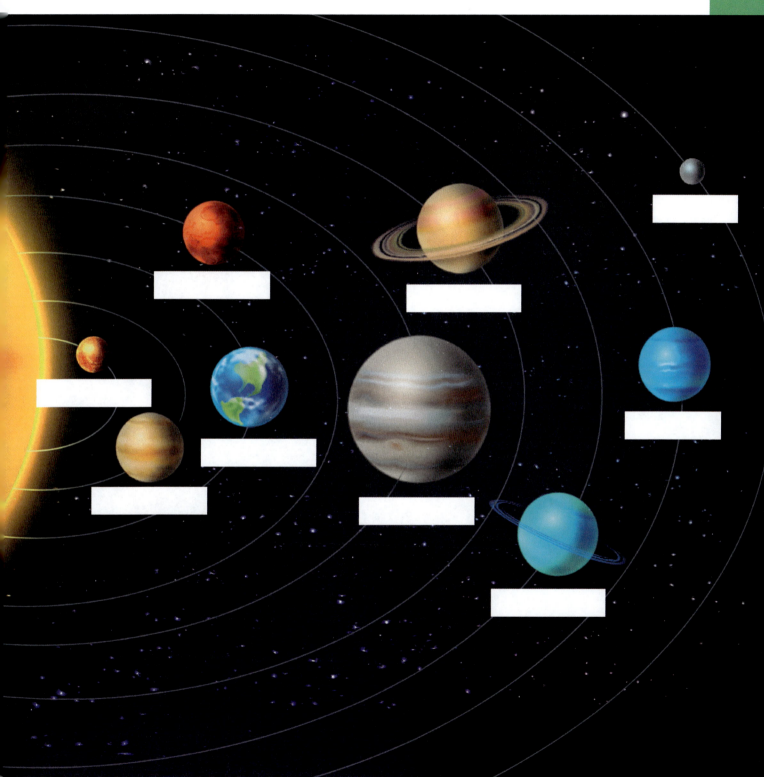

Imagen: freepik.com.

Empareja las imágenes con la respectiva palabra.

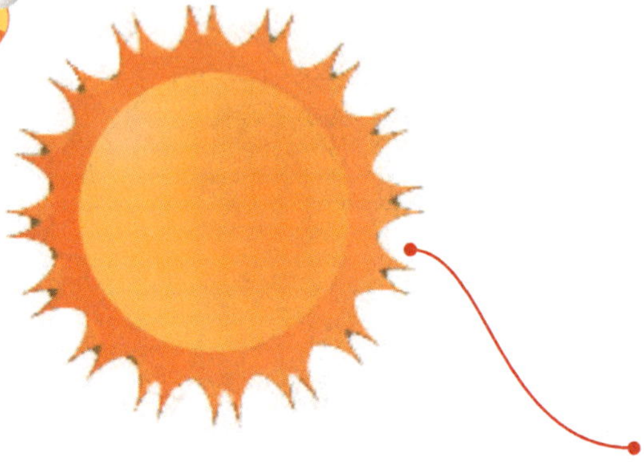

Sol

Luna

Mercurio

Venus

Tierra

Marte

Júpiter

Saturno

Urano

Neptuno

Plutón

52

Fuentes

DK. English for Everyone: Level 1: Beginner, Course Book: A Complete Self-Study Program. DK; Reprint edition. June 28, 2016.

Rafielle E. Usher. Yo Puedo! Speak English Now: ESL Libro de trabajo para aprender Ingles bilingue (Volume 1). O.M.I. International. January 27, 2014.

William C. Harvey M.S. Ingles para Latinos, Level 1. Barron's Educational Series; 3 edition. August 1, 2011.

Matthew Preston. Preston Lee's Beginner English Lesson 1 - 20 For Spanish Speakers. CreateSpace Independent Publishing Platform; Large Print edition. June 1, 2017.

J Lubandi. ENGLISH – SPANISH Picture Dictionary (INGLÉS - ESPAÑOL Diccionario de Imágenes). October 15, 2016.

Jonathan Crichton. English Made Easy Volume One: Learning English through Pictures. Tuttle Publishing. February 5, 2013.

Germaine Choe. English for Kids: 10 First Reader Books with Online Audio, Set 1 by Language Together. Language Together; 1st edition. 2016.

DK. Merriam-Webster Children's Dictionary: Features 3,000 Photographs and Illustrations. DK Children. May 19, 2015.

Miryung Pitts. ESL Worksheets and Activities for Kids. ECQ Publishing; 1 edition. October 15, 2014.

Roger Priddy. First 100 Words Bilingual: Primeras 100 palabras - Spanish-English Bilingual (Spanish Edition). Priddy Books; Bilingual edition. February 19, 2013.

Carol Vorderman. Help Your Kids with English. DK Publishing. 2013.